BEI GRIN MACHT SICH IHR WISSEN BEZAHLT

- Wir veröffentlichen Ihre Hausarbeit,
  Bachelor- und Masterarbeit

- Ihr eigenes eBook und Buch -
  weltweit in allen wichtigen Shops

- Verdienen Sie an jedem Verkauf

Jetzt bei www.GRIN.com hochladen und kostenlos publizieren

Bibliografische Information der Deutschen Nationalbibliothek:

Die Deutsche Bibliothek verzeichnet diese Publikation in der Deutschen National-
bibliografie; detaillierte bibliografische Daten sind im Internet über http://dnb.d-
nb.de/ abrufbar.

Dieses Werk sowie alle darin enthaltenen einzelnen Beiträge und Abbildungen
sind urheberrechtlich geschützt. Jede Verwertung, die nicht ausdrücklich vom
Urheberrechtsschutz zugelassen ist, bedarf der vorherigen Zustimmung des Verla-
ges. Das gilt insbesondere für Vervielfältigungen, Bearbeitungen, Übersetzungen,
Mikroverfilmungen, Auswertungen durch Datenbanken und für die Einspeicherung
und Verarbeitung in elektronische Systeme. Alle Rechte, auch die des auszugsweisen
Nachdrucks, der fotomechanischen Wiedergabe (einschließlich Mikrokopie) sowie
der Auswertung durch Datenbanken oder ähnliche Einrichtungen, vorbehalten.

Impressum:

Copyright © 2013 GRIN Verlag, Open Publishing GmbH
Druck und Bindung: Books on Demand GmbH, Norderstedt Germany
ISBN: 9783668255142

Dieses Buch bei GRIN:

http://www.grin.com/de/e-book/335398/hyperplay-general-game-playing-mit-
imperfekten-informationen

Lea Kristin Gerling

Aus der Reihe: e-fellows.net stipendiaten-wissen

e-fellows.net (Hrsg.)

Band 1885

HyperPlay. General Game Playing mit imperfekten Informationen

Grundlagen der Game Description Language und der Monte-Carlo-Methode

GRIN Verlag

GRIN - Your knowledge has value

Der GRIN Verlag publiziert seit 1998 wissenschaftliche Arbeiten von Studenten, Hochschullehrern und anderen Akademikern als eBook und gedrucktes Buch. Die Verlagswebsite www.grin.com ist die ideale Plattform zur Veröffentlichung von Hausarbeiten, Abschlussarbeiten, wissenschaftlichen Aufsätzen, Dissertationen und Fachbüchern.

Besuchen Sie uns im Internet:

http://www.grin.com/

http://www.facebook.com/grincom

http://www.twitter.com/grin_com

Seminar Künstliche Intelligenz: Games

General Game Playing with Imperfect Information

– Sommersemester 2013 –

Zusammenfassung

In der Disziplin des General Game Playing geht es darum, einer Künstlichen Intelligenz mithilfe der Game Description Language beizubringen, alle Arten von Spielen ohne weiteres menschliches Eingreifen zu meistern. Eine besondere Herausforderung bieten dabei Spiele mit imperfekten Informationen, da es für diese Unterkategorie bis jetzt nur sehr wenige Ansätze gibt, die in der Lage sind, die Spiele effizient zu lösen.

Die von Michael Schofield, Timothy Cerexhe und Michael Thielscher 2012 auf der 26. AAAI Conference of Artificial Intelligence vorgestellte und 2013 im Rahmen des dritten internationalen General Game Playing Workshop verbesserte Technik HyperPlay soll nun Abhilfe in diesem Bereich schaffen. Sie konvertiert dazu Modelle für Spiele mit perfekten Informationen so, dass sie auch für Spiele mit imperfekten Informationen anwendbar sind und verwendet zur Entscheidungsfindung die Monte-Carlo-Methode.

Diese Seminararbeit erklärt die HyperPlay Technik und die dafür benötigten Grundlagen der Game Description Language und der Monte-Carlo-Methode und gibt eine kurze Erläuterung der Verbesserungen von HyperPlay-II.

Inhaltsverzeichnis

Abkürzungen und Begriffserklärungen

KI	Abkürzung für Künstliche Intelligenz. Der KI Begriff hat vielfältige Definitionen, für diese Seminararbeit reicht die unter KI-System stehende Beschreibung aus.
KI-System	Softwaresysteme, die menschliche Intelligenz simulieren. Die in dieser Seminararbeit behandelten Systeme sollen dazu in der Lage sein, Menschen in den jeweiligen Spiele zu schlagen.
Payoff	Übersetzt etwa Lohn oder Auszahlung. Gibt an, wie sehr sich ein Zug bezahlt macht, in der Regel in Punkten gemessen.
Spiele mit perfekten Informationen	Spiele, in denen jeder Mitspieler zu jeder Zeit alle spielrelevanten Informationen kennt, z.B. Schach oder Mühle.
Spiele mit imperfekten Informationen	Spiele, in denen die Züge des Gegenspielers verborgen sind, zB. Poker oder Schiffe Versenken. Auch bekannt als Partially Observable Games.
Spiele mit unvollständigen Informationen	Spiele, in denen zusätzlich zu den gegnerischen Zügen auch die Strategien der Gegner oder die Payoffs verborgen sind.
GDL	Abkürzung für Game Description Language. Die GDL dient zur Beschreibung von endlichen, diskreten, deterministischen Spielen für mehrere Personen mit perfekten Informationen.
GDL-II	Abkürzung für Game Description Language for Incomplete Information Games. Die Erweiterung der GDL für Spiele mit unvollständigen Informationen, durch die zufällige Entscheidungen und die Sichtbarkeiten von Informationen beschrieben werden können.
General Game	Beim General Game Playing geht es darum, ein

Playing	KI-System so zu programmieren, dass es jedes durch die GDL definierbare Spiel lernen und effizient lösen kann.
Head und Body	Als Head bezeichnet man in der GDL den Teil, der die Informationen über das Spiel enthält. Der Body ist die optionale Bedingung, die an den Head mit `<=` geknüpft ist. Ein Body darf niemals alleine stehen. Beispiel:

`goal(SpielerA,100)<= true(gibtAuf(SpielerB)`

Head: SpielerA bekommt 100 Punkte.
Body: Wenn SpielerB aufgibt.

AAAI	Abkürzung für Association for the Advancement of Artificial Intelligence. 1979 gegründete Organisation, die sich für Fortschritte im Forschungsgebiet der Künstlichen Intelligenz einsetzt.

1 Einleitung

„Spielen ist Experimentieren mit dem Zufall" [Nov17] schrieb schon der deutsche Dichter Novalis im 18. Jahrhundert in seinem Werk „Fragmente". Seit dieser Zeit haben sich die Welten des Spiels und der Wissenschaft drastisch verändert, nicht zuletzt durch die Erfindung des Computers oder die Erforschung von künstlichen Intelligenzen. Letztere bilden die Grundlage für das Thema dieser Seminararbeit: Das General Game Playing.

Anders als im 18. Jahrhundert messen sich heutzutage nicht nur Menschen im Spiel miteinander, sondern auch KI-Systeme, die bisweilen eine ernstzunehmende Konkurrenz bilden. Das General Game Playing ist eine spezielle Herausforderung für KI-Systeme, da sie in dieser Disziplin nicht nur ein Spiel meistern müssen, sondern dazu in der Lage sein sollen, alle Spiele anhand ihrer Regeln zu lernen und zu lösen.

Seit 2005 findet jährlich im Rahmen der AAAI Conference of Artificial Intelligence eine General Game Playing Competition mit einem Preisgeld von $10.000 statt [Gene05], bei der verschiedene KI-Systeme gegeneinander antreten. Innerhalb dieses Wettbewerbs war es notwendig, sich auf eine universale Sprache zu einigen, die die Grundlage zum Erlernen der Spiele bildet. Die Wahl fiel auf die GDL (Kapitel 3), da sie aufgrund ihrer minimalistischen Bestandteile die meisten Verwendungsmöglichkeiten für ein breites Spektrum an Spielen bietet [Gene05].

2012 stellten Michael Schofield, Timothy Cerexhe und Michael Thielscher auf der 26. AAAI Conference of Artificial Intelligence das HyperPlay Verfahren (Kapitel 5) vor, welches bis heute als einziges dazu in der Lage ist, General Games mit imperfekten Informationen zu lösen [Scho13]. Dazu werden Modelle für die Lösung von Spielen mit perfekten Informationen so konvertiert, dass sie auch für Spiele mit imperfekten Informationen funktionieren. Außerdem wird die in der Spieltheorie weit verbreitete Monte-Carlo-Technik (Kapitel 4) zur Entscheidungsfindung verwendet [Scho12].

Im August 2013 wurde eine zweite Version des HyperPlays, die HyperPlay-II Technik, vorgestellt, die noch effektiver arbeitet und noch mehr Spiele lösen kann [Scho13]. Da es in diesem Forschungsgebiet nach wie vor nur ein veröffentlichtes KI-System gibt, bleibt abzuwarten, welche Neuerungen in nächster Zeit noch angekündigt werden und ob diese zum HyperPlay Verfahren in Konkurrenz treten können.

2 Related Work

Erste Ansätze zum General Game Playing gab es bereits 1992, damals noch unter dem Namen Metagames [Pell92a]. Barney Pell entwickelte die Idee, dass KI-Systeme dazu in der Lage sein sollten, nicht nur ein Spiel zu beherrschen, sondern mehrere, die allerdings zu der selben Klasse gehören. Im Falle seines Ansatzes war die KI in der Lage, Schach-ähnliche Spiele zu lösen.

Diese Idee wurde im Laufe der Jahre immer wieder aufgegriffen und abgewandelt, zum Beispiel durch das kommerzielle Programm Zillions of Games von Jeff Mallett und Mark Lefler aus dem Jahre 1998, sodass die Systeme nicht nur sehr ähnliche, sondern auch vollkommen unterschiedliche Spiele meistern können sollten.

Schließlich wurde 2005 durch die Stanford Universität das Projekt General Game Playing ins Leben gerufen, mit dem auch der Ausruf der jährlichen General Game Playing Competition im Rahmen der AAAI Konferenz einher ging [Gene05]. Dieser Wettbewerb wurde bereits drei Mal vom CadiaPlayer gewonnen, ein KI-System, dass an der Reykjavik Universität entwickelt wurde [Bjö09]. Der CadiaPlayer ist aber nicht nur ein erfolgreiches KI-System, sondern diente auch als Vergleichssystem für das HyperPlay Verfahren [Scho12].

Generell gibt es mittlerweile einige Ansätze, neben dem Cadia-Player zum Beispiel noch Fluxplayer von der Universität Dresden oder Ary von der Universität 8 Paris, die sich mit dem General Game Playing befassen. Allerdings ist der HyperPlayer bis heute das einzige veröffentlichte KI-System, das dazu in der Lage ist, General Games mit imperfekten Informationen effizient zu lösen [Scho13].

Daher bildet das Paper „HyperPlay: A solution to general game playing with imperfect information" von M. Schofield, T. Cerexhe, und M. Thielscher auch die Hauptgrundlage für diese Arbeit. Zusätzlich werde ich auch auf einige Verbesserungen des HyperPlay II eingehen, welches erst Anfang August 2013 unter dem Titel „Lifting HyperPlay for General Game Playing to Incomplete-Information Models" von den selben Autoren im Rahmen der GIGA'13 vorgestellt wurde.

3 Game Description Language

Die GDL wurde im Rahmen der Einführung der General Game Playing Competition 2005 als Ausgangssprache zur Beschreibung der Spiele festgelegt. Sie beruht auf der Programmiersprache Datalog und wurde 2004 von Mitgliedern der Arbeitsgruppe General Game Playing der Stanford Universität entwickelt. 2006 erschien eine genaue Spezifikation der Sprache im Tech. Report LG-2006-01 [Love06], verfügbar ist die Arbeit allerdings schon seit Dezember 2004 über die Homepage der Universität Stanford.

Die GDL ist eine essentielle Grundlage für die Arbeit im Bereich General Game Playing, da durch sie alle wichtigen Informationen eines Spiels vermittelt werden. So können durch die Sprache nicht nur die Spielregeln, sondern auch Mitspieler, Zustände und deren Payoffs beschrieben werden.

Eine exakte Definition des Spiels in der GDL ist wichtig, da nur so inkonsistente Zustände identifiziert und vermieden werden können. Daher muss das komplette Spiel beschrieben werden, sodass jeder mögliche Zustand erfasst wird.

Anders als zum Beispiel die von Barney Pell entwickelte Grammatik zur Beschreibung von Schach-ähnlichen Spielen [Pell92b], besteht die GDL nur aus acht Schlüsselwörtern [Love06], mit denen das Spiel beschrieben werden kann. Das macht die Beschreibung einerseits aufwändiger, da auch der kleinste Bestandteil eines Spiels noch modelliert werden muss, andererseits bietet sich so aber auch die Möglichkeit, wirklich alle Spiele in der GDL modellieren zu können, was eine wichtige Voraussetzung für das General Game Playing ist.

3.1 Schlüsselwörter

Die GDL beinhaltet acht Schlüsselwörter (Beispielanwendung in Kapitel 3.4) zur Spielbeschreibung :

- `role([Spielername oder Rolle])`
  - Definiert die Teilnehmer des Spiels
- `init([Spielzustand])`
  - Beschreibt den Spielzustand zu Beginn des Spiels. Der Zustand muss legal sein, also den Regeln entsprechen.
- `legal([Spieler], [legaler Spielzug])`
  - Beschreibt einen legalen *Spielzug*, den *Spieler* tätigen kann.
  - Wird benutzt, um die Spielregeln zu definieren.

- `true([Spielzustand])`
  - Beschreibt den aktuellen, legalen Spielzustand.
- `does([Spieler], [Spielzug])`
  - *Spieler* tätigt *Spielzug.*
- `next([Spielzustand])`
  - Beschreibt den nächsten, legalen Spielzustand.
- `goal([Spieler], [Payoff])`
  - *Spieler* erhält die durch *Payoff* definierte Punktzahl zum aktuellen Zeitpunkt.
  - Die Punktzahl ist abhängig vom Spieltyp.
  - Häufig gibt es 0 Punkte für den Verlierer und 100 für den Gewinner.
- `terminal([Spielzustand])`
  - Beschreibt den Endzustand des Spiels. Wird er erreicht, ist das Spiel zu Ende und die Gewinner und Verlierer können ermittelt werden.

3.2 GDL-II

Durch die in Kapitel 3.1 genannten Schlüsselwörter lassen sich theoretisch alle „endlichen, diskreten, deterministischen Spiele für mehrere Personen mit perfekten Informationen" [[Love06], S.1, Übersetzung] beschreiben. Allerdings können somit weder Zufallskomponenten, noch Spiele mit imperfekten Informationen modelliert werden.

Daher hat Michael Thielscher 2010 eine Erweiterung der GDL entwickelt: Die Game Description Language for Games with Incomplete Information [Thie10], kurz GDL-II. Sie erweitert die GDL um zwei Schlüsselwörter:

- `sees([Spieler], [Information])`
  - Während bei der GDL alle Informationen für jeden sichtbar sind, sind sie bei der GDL-II standardmäßig verborgen.
  - *Spieler* sieht *Information.*
- `random`
  - Neue Rolle, die zufällige legale Entscheidungen trifft.

Dadurch können nun einerseits Zufallskomponenten, wie sie zum Beispiel in Würfelspielen auftauchen, modelliert werden. Andererseits kann so genau definiert werden, welcher Spieler zu welchem Zeitpunkt welche Informationen sehen darf, was unter anderem für die meisten Kartenspiele essenziell ist.

3.3 Relationen und Einschränkungen

Neben den Schlüsselwörtern gehören sowohl zu der GDL als auch zu der GDL-II spezielle Relationen und einige Einschränkungen der Syntax [[Love06], [Thie10]]:

- Eine Beschreibung besteht immer aus einem Head und optional aus einem Body.
  - Im Head steht die Aussage, im Body steht die Bedingung, unter der die Aussage im Head zutrifft.
  - Head und Body werden durch die Relation `<=` verbunden.
- Zu Beginn werden die Mitspieler durch `role` definiert.
  - Diese Definitionen müssen atomar sein, das heißt pro Mitspieler eine Verwendung von `role` und kein Body.
- Weiterhin wird zu Anfang der Initialzustand durch (mehrfache Verwendung von) `init` definiert.
  - `init` darf nur im Head stehen und nicht mit `true`, `does`, `next`, `legal`, `goal`, `sees` oder `terminal` verbunden werden.
- Nach der Festlegung der Spieler und des Initialzustands sollten die legalen Spielzustände definiert werden.
  - Dafür wird `legal` im Head verwendet und `true` im Body.
- `true` darf nur im Body verwendet werden.
- `next` darf nur im Head verwendet werden.
- `does` darf nur im Body verwendet werden und nicht in Kombination mit `legal`, `goal` oder `terminal`.
- `sees` darf nur im Head verwendet werden.
- Head und Body finden zeitgleich statt. Ist also zum Beispiel `sees` mit `does` verknüpft, so findet der Informationsfluss im selben Moment wie das Ereignis statt. Eine Besonderheit ist dabei next, da es wie in Kapitel 3.1 definiert, den zeitlich nachfolgenden Zustand beschreibt.
- Zusätzlich nötige Variablen, Objekte und Funktionen dürfen modelliert werden.

3.4 Beispieldarstellung

Die zuvor eingeführten Schlüsselwörter und Regeln möchte ich nun in Tabelle 1 anhand des Spiels Stein, Schere, Papier mit zwei Spielern erläutern. Da ein Spieler nicht weiß, welches Symbol sein Gegenspieler wählen wird, bis beide ihre Wahl zeigen, handelt es sich um ein Spiel mit imperfekten Informationen. Die Spielzustände werden folglich mit der GDL-II [Thie10] modelliert.

Tabelle 1: Definition von Stein, Schere, Papier in GDL-II und Erklärungen der Definitionen.

GDL-II	Erklärung
role(tim). role(struppi).	Definition der Spieler: tim und struppi .
sym(stein). sym(schere). sym(papier.	Definition der Symbole: stein, schere, papier.
init(countdown).	Definition des Initialzustands: Es wird runtergezählt.
legal(spieler,wählt(stein)) <= true (countdownFinished) legal(spieler,wählt(schere)) <= true (countdownFinished) legal(spieler,wählt(papier)) <= true (countdownFinished)	Definitionen der legalen Spielzüge. Jeder Spieler muss eines der drei Symbole auswählen und anzeigen, sobald der Countdown beendet wurde. Dies geschieht gleichzeitig.
sees(spieler, gegnerWahl) <= true(countdownFinished)	Definition der Sichtbarkeiten von Informationen. Jeder Spieler erhält Informationen über die Symbolwahl des Gegners, sobald der Countdown beendet wurde.
next(countdownFinished) <= true(countdown)	Definition des nächsten legalen Spielzustands: Der Countdown ist beendet.
terminal <= true(countdownFinished)	Definition des Endzustands. Da das Spiel nach Ablauf des Countdowns bereits beendet ist, ist der nächste Zustand nach dem Initialzustand auch gleichzeitig der Endzustand.
goal (spieler, 100) <= schlägt(gegnerWahl) goal (spieler, 0) <= unterliegt(gegnerWahl) goal (spieler, 50) <= gleich(gegnerWahl)	Zieldefinition: Der Spieler erhält 100 Punkte, wenn seine Wahl die gegnerische schlägt, der Verlierer erhält 0 Punkte. Bei einem Patt bekommen beide 50 Punkte.

4 Monte-Carlo-Methode

Die Monte-Carlo-Methode ist eine weit verbreitete Technik, nicht nur in der Spieltheorie, wo häufig die Monte-Carlo Tree Search [Chas08], siehe Kapitel 4.1, verwendet wird, sondern sie findet zum Beispiel auch in der Biologie, Mathematik, Physik und im Finanzwesen ihre Anwendung. Auch wenn es viele unterschiedliche Bezeichnungen wie Monte-Carlo-Simulation, -Entscheidungsfindung, -Methode, -Verfahren oder dergleichen gibt, so bleibt doch die Grundidee die selbe: Durch mehrfache, zufällige Wiederholungen der Simulationen wird versucht, ein Ergebnis, zum Beispiel eine Annäherung an PI oder den besten Spielzug, zu erhalten. Dazu müssen die Ergebnisse der einzelnen Simulationen statistisch ausgewertet werden [Silv10].

Um also den optimalen Zug in einem Spiel zu finden, wird das Spiel immer wieder simuliert und am Ende wird verglichen, welcher Zug im Durchschnitt den größte Gewinn eingebracht hat. Da es sich um zufällige Entscheidungen handelt, eignet sich die Monte-Carlo-Methode auch gut, um Spiele mit imperfekten Informationen zu modellieren. Daher findet diese Technik auch im HyperPlay Verfahren eine Anwendung [Scho12].

4.1 Erklärung der Monte-Carlo Tree Search

In der Spieltheorie werden Spiele oftmals als Entscheidungsbaum dargestellt. Ausgehend von einem Startzustand, gibt es Entscheidungsmöglichkeiten für unterschiedliche Spielzüge. Mit jedem neuen Spielzug verzweigt sich der Baum weiter.

Bei Spielen mit imperfekten Informationen ergibt sich allerdings die Schwierigkeit, dass es einerseits auch zufällige Entscheidungen gibt, auf die der Spieler keinen Einfluss nehmen kann und andererseits kennt ein Spieler nicht die Züge seines Gegenspielers. Dadurch ist es nicht möglich, optimale Entscheidungen zu treffen, da nicht alle Informationen mit einbezogen werden können. Die Monte-Carlo Tree Search umgeht diese Probleme, da sie viele unterschiedliche Welten modellieren kann und damit auch unterschiedliche Zustände berücksichtigt [Silv10].

Zudem ist die Monte-Carlo Tree Search sehr anpassungsfähig und damit ideal für das General Game Playing geeignet. Durch einfache Entscheidungsalgorithmen wie zum Beispiel die Best-First Methode, bei der sich an jeder Abzweigung für den Weg entschieden wird, der kurzfristig den höchsten Gewinn bringt, können die Spiele sehr effizient simuliert werden [Silv10].

4.2 Tree Search Beispieldarstellung

Wenn wir nun das Spielbeispiel aus Kapitel 3.4 betrachten, sähe das Vorgehen der Tree Search folgendermaßen aus:

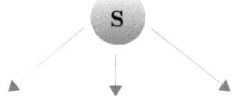

Abb. 1: Tree Search Modell, Ebene 1.

In Abb. 1 sehen wir den Initialzustand **S** des Spiels. In unserem Beispiel Stein, Schere, Papier wird ein zu diesem Zeitpunkt ein Countdown runtergezählt. Sobald der Countdown null erreicht hat, müssen sich beide Spieler gleichzeitig für ein Symbol entscheiden. Zur Veranschaulichung modelliere ich zuerst die Entscheidung des Gegenspielers Struppi, siehe Abb. 2, und auf der darunter liegenden Ebene die Entscheidung von Tim, siehe Abb. 4.

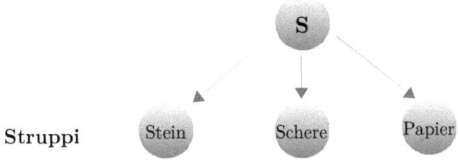

Abb. 2: Tree Search Modell, Ebene 2.

Außerdem füge ich Wahrscheinlichkeiten für die einzelnen Symbole hinzu, siehe Abb. 3, da Struppi dazu neigt, öfter Stein zu wählen, während er Schere vernachlässigt. Diese Information kennt Tim jedoch nicht.

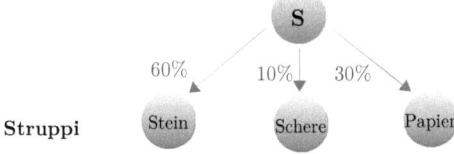

Abb. 3: Tree Search Modell, Ebene 2 mit Wahrscheinlichkeiten.

Da Tim die Wahl des Gegners nicht beeinflussen kann und er auch nicht weiß, welches Symbol Struppi wählen wird, kann er keine optimale Entscheidung treffen.

Deswegen ist es sinnvoll, das Spiel durch die Monte-Carlo Tree Search modellieren zu lassen, um zum Beispiel Unregelmäßigkeiten in der Symbolwahl von Struppi aufzudecken.

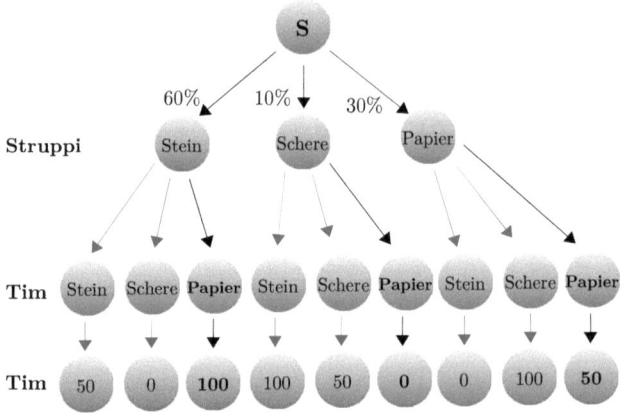

Abb. 4: Tree Search Modell, alle 4 Ebenen mit Wahrscheinlichkeiten und Payoffs.

Wenn wir dieses Spiel 1000 Mal durch die Monte-Carlo Tree Search simulieren lassen, stellt sich heraus, dass es für Tim am besten wäre Papier zu wählen, da es im Durchschnitt den höchsten Payoff hat: Zu 60% gewinnt Tim mit der Wahl von Papier, zu 30% bekommt er zumindest die Hälfte der Punkte und zu nur 10% würde er verlieren. Er erhält also einen durchschnittlichen Payoff von 75 Punkten.

Bei Spielen mit mehr Ebenen kann die Tree Search auch von anderen Knoten als dem Startzustand ausgehen und man kann die Suchtiefe und Breite variieren, es muss aber immer so tief gesucht werden, bis eine Bewertung des Zuges möglich ist.

4.3 Vor- und Nachteile

Da der Suchraum sehr schnell eingeschränkt werden kann, zum Beispiel indem man nur Best-First Decisions verwendet, sind viele Simulationen schon mit sehr wenig Aufwand möglich. Zudem können auch Elemente wie zufällige Entscheidungen oder Unkenntnis über die Züge des Gegners modelliert werden. Weiterhin ist die Methode sehr wandelbar und damit ideal für General Game Playing.

Anpassbare Parameter sind unter anderem Anzahl der Simulationen und die Suchtiefe. So kann man zum Beispiel den Algorithmus auch auf nur zwei aufeinanderfolgende Spielzüge anwenden, was die Rechenzeit natürlich drastisch reduziert [Silv10]. Allerdings ist die richtige Konfiguration entscheidend, so können zu hohe Werte für Suchtiefe und Wiederholungen vielleicht zu besseren Ergebnissen führen, erhöhen aber gleichzeitig auch die benötigte Rechenleistung um ein Vielfaches.

Zusätzlich gibt es noch wesentlich mehr mögliche Parameter, abhängig von der Komplexität des Spiels, die richtig eingestellt werden müssen. Dadurch können sich selbst bei ähnlichen Herangehensweisen die Ergebnisse stark unterscheiden. Das macht zusätzliche Evaluationen nötig.

Außerdem ist die Monte-Carlo Tree Search fehleranfällig, da eben nur zufällige Entscheidungen getroffen werden und somit auch schlechte Spielzüge bevorzugt werden können. Dies kann zum Beispiel auch passieren, wenn man aufgrund von Ressourcen Beschränkungen nur eine bestimmte Suchtiefe oder Breite abdecken kann, sodass die entscheidenden Züge nicht mit einbezogen werden können. Mit dieser Problematik hat sich unter anderem D. Silver und J. Veness beschäftigt und als Lösung den Partially Observable UCT vorgestellt, der in diesem Bereich Abhilfe schafft [Silv10].

5 HyperPlay

Das Ziel des HyperPlay Verfahrens ist es, alle General Games mit imperfekten Informationen gewinnen zu können. Dazu werden stichprobenartig Zustandsräume des Spiels mit imperfekten Informationen betrachtet, sodass diese für sich betrachtet zu Spielen mit perfekten Informationen werden. Diese Spiele werden dann gespielt und am Ende die daraus gewonnenen Informationen zusammengetragen, um den besten Zug zu finden.

5.1 Der Algorithmus

Das HyperPlay Verfahren wird wie in den Tabellen 2, 3 und 4 durch einen kurzen Algorithmus (in Pseudocode, Bezeichnungen vereinfacht, aus [Scho12], Fig2) beschrieben:

Tabelle 2: HyperPlay Algorithmus und Erläuterung der Hauptmethode.

Pseudocode	Erklärungen
`procedure main()`	Hauptmethode.
`begin`	Beginn der Methode.
`H := {| M₁ , ... , Mₚ |}` `n := 1`	Sammlung der HyperGames. Baumtiefe, beginnend bei 1.
`repeat`	Schleife, bis das Spiel endet.
`aₙ := select_move(H)` `Iₙ := submit_move(aₙ)`	Spielzugsatz auswählen und Spielzüge durchführen.
`for all M   H do` `forward(M, n + 1)`	Für jedes HyperGame wird die Forward Methode ausgeführt.
`n := n + 1`	Die Baumtiefe um 1 erhöhen.
`until end_of_game` `end`	Ende der Schleife. Ende der Methode.

Die Hauptmethode spielt solange die HyperGames, bis die Terminalzustand erreicht ist. Dazu übergibt sie jedes erdachte HyperGame an die forward Methode, welche in Tabelle 3 erläutert wird.

Tabelle 3: HyperPlay Algorithmus und Erläuterung der forward Methode.

Pseudocode	Erklärungen
`procedure forward(M = (B₁, m₁,` `... , Bₖ₋₁, mₖ₋₁, Bₖ), n)`	Forward Methode. Sie bekommt das HyperGame und die darin enthaltenen Züge sowie die Baumtiefe + 1 übergeben. In m werden die legalen Züge für den jeweiligen Knoten gespeichert und in B die inkonsistenten.
`begin`	Beginn der Methode.
`if k < n then`	Wenn die vorgegebene Baumtiefe kleiner ist als die aktuelle Baumtiefe und
`if choose m   L(M) \ Bₖ` `with m|ᵣ = aₖ && I₍ₘ,ₘ₎ = Iₖ then`	wenn ausgehend vom aktuellen HyperGame ein zufälliger legaler Spielzug gefunden wird:
`M := M   m`	Füge den legalen Spielzug dem HyperGame hinzu.
`forward(M, n)`	Rekursiver Aufruf der forward Methode mit Übergabe der aktuellen Baumtiefe und des aktuellen HyperGames.
`else`	Falls kein legaler Zug gefunden wird:
`backtrack(M, n)`	Backtrack Methode aufrufen und das aktuelle HyperGame sowie die aktuelle Baumtiefe übergeben.
`end`	Ende der Methode.

In der forward Methode wird versucht, den Spielbaum um einen Zug zu erweitern. Dazu wird überprüft, ob das erdachte HyperGame konsistent ist, indem solange legale Spielzüge zu dem HyperGame hinzugefügt werden, bis die gewünschte Tiefe k erreicht ist.

Falls ein Knoten erreicht wird, von dem aus keine legalen Züge mehr möglich sind, wird die backtrack Methode aufgerufen, welche in Tabelle 4 erläutert wird.

Tabelle 4: HyperPlay Algorithmus und Erläuterung der backtrack Methode.

Pseudocode	Erklärungen
procedure backtrack(M = (B₁, m₁, ... , B_{k-1}, m_{k-1}, B_k), n)	Backtrack Methode. Sie bekommt das HyperGame und die darin enthaltenen Züge sowie die Baumtiefe übergeben.
begin	Beginn der Methode.
B_{k-1} := B_{k-1} {m_{k-1}}	Den inkonsistenten Zug aussortieren, indem er der Liste der inkonsistenten Züge für den vorhergehenden Knoten im aktuellen HyperGame hinzugefügt wird.
forward(B₁, m₁, ... , B_{k-1}), n)	Den Zug rückgängig machen, indem die forward Methode aufgerufen wird und die aktuelle Runde sowie das HyperGame ausgehend vom vorhergehenden Knoten übergeben wird.
end	Ende der Methode.

In der backtrack Methode wird der gefundene inkonsistente Spielzug aussortiert und rückgängig gemacht, indem die forward Methode erneut aufgerufen wird, allerdings diesmal ausgehend von dem Zug, der vor dem inkonsistenten Zug getätigt wurde.

Eine bildliche Darstellung der backtrack Methode ist in Abb. 5 zu sehen:

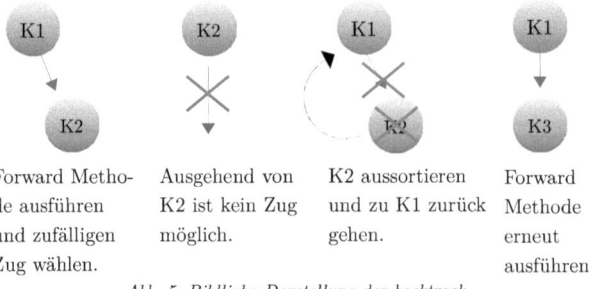

Forward Methode ausführen und zufälligen Zug wählen.	Ausgehend von K2 ist kein Zug möglich.	K2 aussortieren und zu K1 zurück gehen.	Forward Methode erneut ausführen.

Abb. 5: Bildliche Darstellung der backtrack Methode im Baumdiagram.

5.2 Wahl der Spielzüge

Jedes HyperGame ist nur eine Annahme. Ziel ist es, das wahre HyperGame zu finden. Dazu wird Formel [1] (aus [Scho12], S. 1609) verwendet:

[1] $P(HG_i) = (1/ChoiceFactor_i) / (\Sigma_n\ 1/ChoiceFactor_n)$

$P(HG_i)$ bezeichnet dabei die Wahrscheinlichkeit, dass es sich bei dem aktuell betrachteten HyperGame um das wahre HyperGame handelt, im Gegensatz zu den anderen HyperGames. Diese Wahrscheinlichkeit wird berechnet, indem 1 durch den ChoiceFactor des aktuellen HyperGames geteilt wird. Dies wird dann wiederum geteilt durch die Summe von 1 geteilt durch den jeweiligen ChoiceFactor von 1 bis n.

Der ChoiceFactor setzt sich aus dem Produkt der Anzahl der Entscheidungen am j-ten Knoten des jeweiligen HyperGames, mathematisch durch $\Pi_j\ Choices_{i,j}$ ausgedrückt, zusammen.

Zusätzlich zu der Wahl des wahren HyperGames ist es sinnvoll, den Zug mit dem größten erwarteten Payoff berechnen zu können. Dazu wird Formel [2] (aus [Scho12], S. 1609) verwendet:

[2] $E(Move_j) = \Sigma_i\ (E(Move_{i,j}) * P(HG_i))$

$E(Move_j)$ bezeichnet dabei den Zug mit dem größten erwarteten Payoff. Dieser wird berechnet, indem der erwartete Payoff des aktuell betrachteten Zuges mit der Wahrscheinlichkeit seiner dazugehörigen HyperGames multipliziert wird. Diese Produkte werden dann aufsummiert.

5.3 HyperPlay Anwendungsbeispiele

Das Verfahren wurde mit den Spielen Monty Hall, Krieg Tic-Tac-Toe und Blind Breakthrough getestet. Als Gegner wurde ein KI-System modelliert, welches auch das HyperPlay Verfahren benutzt, aber perfekte Informationen zur Verfügung hat.

Jedes Spiel wurde 1000 Mal gespielt, wobei ungefähr 200 Intel Dual Core Computer genutzt wurden. Dabei hatten die KI-Systeme jeweils 15 Sekunden Zeit, um sich für einen Zug zu entscheiden. Die gegnerische KI wurde so modelliert, dass sie genug Ressourcen zur Verfügung hat, um innerhalb der vorgegebenen Zeit die optimale Entscheidung zu treffen [Scho12]. Die Ergebnisse werden in Kapitel 5.3.1 bis 5.3.4 dargestellt.

5.3.1 Monty Hall

Bei Monty Hall versucht der Spieler, ein Auto zu gewinnen. Dazu sieht er zu Beginn drei geschlossene Türen, wobei sich hinter einer Tür das Auto befindet und hinter den anderen zwei Türen Nieten. Der Spieler entscheidet sich in der ersten Runde für eine Tür. Hat er sich entschieden, wird eine der beiden anderen Türen geöffnet. Hinter dieser Tür muss sich eine Niete befinden.

In jeder neuen Runde hat der Spieler die Möglichkeit, seine Auswahl zu ändern oder sie beizubehalten. Sobald nur noch zwei Türen übrig sind, wird die vom Spieler gewählte Tür geöffnet. Stochastisch gesehen ist es sinnvoller, seine Entscheidung in jeder neuen Runde zu ändern [Scho12].

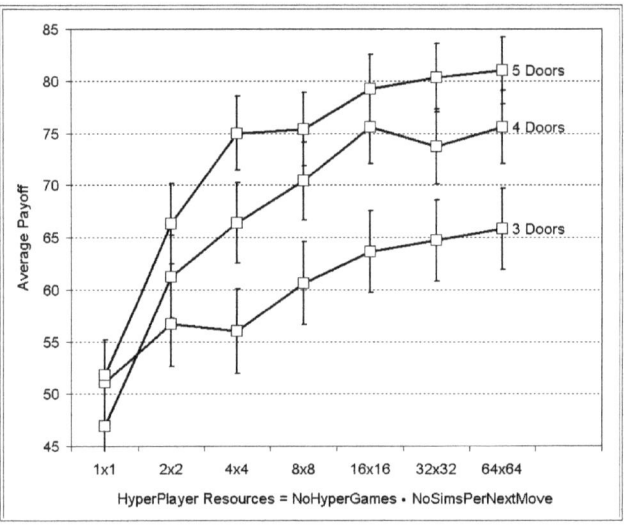

Abb. 6: Gewinnrate bei Monty Hall (aus [Scho12], *Figure 5).*

Das Spiel wurde in Varianten mit drei, vier und fünf Türen gespielt, wobei in jeder Runde eine Tür geöffnet wird, in Abb. 6 durch die drei Kurven dargestellt. Auf der X-Achse befindet sich die Angabe über die verwendeten Ressourcen, bestehend aus der Anzahl der erlaubten HyperGames mal der Anzahl der erlaubten Simulationen für den nächsten Zug. Auf der Y-Achse steht der durchschnittliche Payoff.

In Abb. 6 wird deutlich, dass bereits bei einer Verwendung von 16 *16 Ressourcen ein fast optimales Ergebnis erreicht wird, eine Erhöhung auf 32*32 und 64*64 bringt kaum Steigerung. Dafür macht sich zu Beginn die Ressourcenerhöhung stark bemerkbar.

5.3.2 Krieg Tic-Tac-Toe

Krieg Tic-Tac-Toe funktioniert fast wie wie das normale Tic-Tac-Toe, in Deutschland meist unter Drei gewinnt bekannt, mit dem einzigen Unterschied, dass ein Spieler die Steine seines Gegners nicht sehen kann.

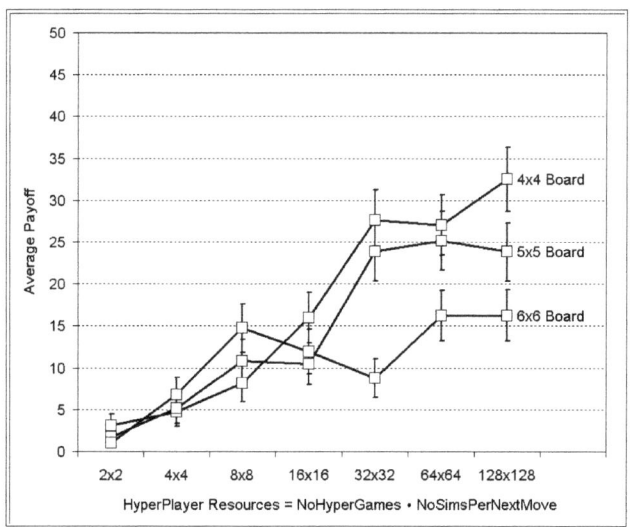

Abb. 7: Gewinnrate bei Krieg Tic-Tac-Toe (aus [Scho12], Figure 6).

Bei diesem Spiel wurde ein Spielfeld mit 4*4, 5*5 und 6*6 Feldern zugrunde gelegt, dargestellt durch die jeweilige Kurve in Abb. 7. Auf der X-Achse befinden sich wieder die verwendeten Ressourcen und auf der Y-Achse der durchschnittliche Payoff, wobei 50 der Maximalwert wäre, bei dem die KI mit perfekten Informationen und der HyperPlayer mit imperfekten Informationen gleich oft gewinnen [Scho12].

Auffällig ist, dass nur das Spiel mit 4*4 Feldern mit zunehmenden Ressourcen, bis auf eine kleine Ausnahme, bessere Ergebnisse liefert, während bei dem 5*5 Modell die Payoff Werte bei der Steigerung von 8*8 auf 16*16 und 32*32 auf 128*128 nahezu konstant bleiben. Bei dem 6*6 Spielfeld gibt es bei der Steigerung von 8*8 auf 32*32 sogar einen großen Einbruch und der Payoff geht nie über 16 hinaus.

Diese Unterschiede begründen sich in der Zeitbegrenzung, da das Spiel mit einem größeren Spielfeld viel komplexer wird und die Berechnungen nicht in der vorgegebenen Zeit beendet wurden [Scho12].

5.3.3 Blind Breakthrough

Blind Breakthrough ist eine Schach-Variante, bei der es nur Bauern gibt und die gegnerischen Figuren verborgen sind. Ziel des Spiels ist es, mit einer Figur die andere Spielfeldseite zu erreichen. Jeder Spieler hat einen Versuch um seine Spielfigur zu bewegen, ist der Zug illegal, wird ein zufälliger legaler Zug vollzogen [Scho12].

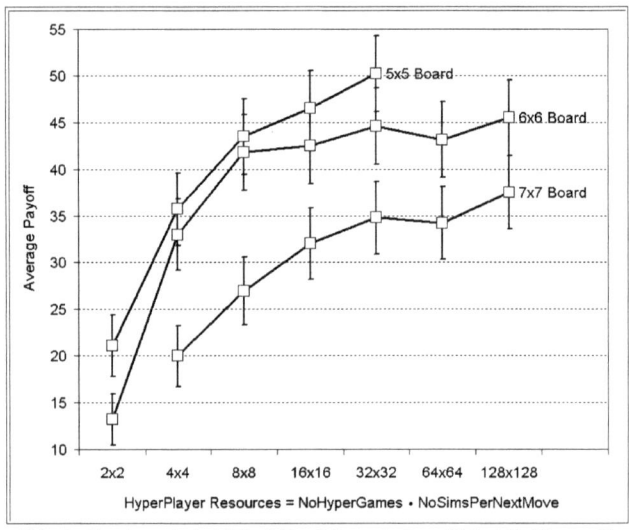

Abb. 8: Gewinnrate bei Blind Breakthrough (aus [Scho12], Figure 7).

Es wurden Spielfelder mit 5*5, 6*6 und 7*7 Feldern, in Abb. 8 durch die jeweilige Kurve dargestellt, modelliert. Auf der Y-Achse befindet sich der durchschnittliche Payoff mit 50 als Maximalwert und auf der X-Achse die verwendeten Ressourcen.

Bei diesem Spiel zeigen alle drei Varianten Verbesserungen ihres Payoffs mit steigenden Ressourcen, besonders das 5*5 Spiel verbessert sehr schnell seine Effizienz und erreicht schon bei 32*32 Ressourcen den optimalen Payoff. Die 6*6 und 7*7 Variante erleben beide bei 32*32 auf 64*64 einen minimalen Einbruch und danach wieder eine geringe Verbesserung.

Das 7*7 Spiel beginnt erst bei 4*4 Ressourcen, da es vorher aufgrund der hohen Komplexität nicht vernünftig modelliert werden konnte.

5.3.4 CadiaPlayer

Die in den letzten 3 Kapiteln genannten Spiele wurden zusätzlich gegen den von Y. Björnsson und H. Finnsson entwickelten CadiaPlayer [Bjö09] gespielt. Dieses KI-System hatte auch perfekte Informationen zur Verfügung.

Während der CadiaPlayer bei Monty Hall wusste, wo sich das Auto befindet, musste der HyperPlayer raten. Wie in Abb. 6 gesehen, erreichte er bei genügen Ressourcen das optimale Ergebnis, trotzdem kann er natürlich nicht mit dem CadiaPlayer mithalten, da dieser immer die richtige Tür kannte [Scho12].

Beim Krieg Tic-Tac-Toe war der HyperPlayer dazu in der Lage, den CadiaPlayer häufig zu besiegen, da letzterer Probleme mit der Komplexität von simultanen Spielen hatte [Scho12].

Dafür besiegte der CadiaPlayer den HyperPlayer mit Leichtigkeit beim Blind Breakthrough, da der HyperPlayer aufgrund der zeitlichen Einschränkungen zu wenig Simulationen durchführen konnte [Scho12].

5.4 Verbesserungen durch HyperPlay-II

Die größte Schwäche des HyperPlay Verfahrens ist der Versuch, das erwartete Resultat der Stichproben aus dem Informationssatz der aktuellen Runde zu maximieren. Indem aber nur Stichproben entnommen werden, die für sich gesehen perfekte Informationen beinhalten, werden alle unbekannten Informationen als bekannt angesehen und der Maximierungsprozess wird sich gegen alle Aktionen entscheiden, die zur Informationsfindung dienen und Kosten haben [Scho13].

Dadurch wäre zum Beispiel beim Spiel Number Guessing, bei dem ein Kandidat sich eine Nummer ausdenkt und das KI-System diese erraten muss oder Fragen zu der Zahl stellen darf, keine effiziente Lösung möglich, da jedes erdachte HyperGame davon ausgeht, dass es die Nummer kennt. Dadurch wären sich zwar alle HyperGames einig, dass sie nun raten können und keine Fragen mehr stellen brauchen, allerdings geht natürlich jedes von einer anderen Nummer aus. Dieses Problem wurde beim HyperPlayer-II behoben, indem eine Simulation für imperfekte Informationen in den Entscheidungsfindungsprozess mit einbezogen wurde [Scho13].

Zusätzlich geht der HyperPlayer-II besser mit den gegebenen Ressourcen um. So benötigt er zwar nun theoretisch mehr Simulationen, da der Simulator für imperfekte Informationen hinzugefügt wurde, durch diesen Zusatz arbeitet das KI-System aber wesentlich effizienter, wodurch in der Praxis keine zusätzlichen Rechenleistungen notwendig sind [Scho13].

6 Fazit

Da es durch die Konkurrenzlosigkeit in diesem Bereich schwierig ist, echte Vergleiche zu ziehen, kann man das HyperPlay Verfahren nur in direktem Vergleich zu sich selbst betrachten. Dadurch fallen Schwächen natürlich weniger auf, da sie genauso beim Gegner vorhanden sind. Bei den in Kapitel 5.3.2 und 5.3.3 gezeigten Beispielen wird dies deutlich, da dort das Spiel Blind Breakthrough sehr erfolgreich gespielt wurde, während der HyperPlayer mit imperfekten Information beim Krieg Tic-Tac-Toe Probleme hatte. Im Vergleich mit dem CadiaPlayer in Kapitel 5.3.4 hingegen ist der HyperPlayer beim Krieg Tic-Tac-Toe besser, während er beim Blind Breakthrough unterliegt.

Durch die verbesserte Version HyperPlay-II ist es nun aber möglich, auch Spiele effektiv zu Spielen, die eine Informations-Erfragung beinhalten. Dadurch wurde eine der größten Schwächen des Hyper-Players beseitigt und das neue Verfahren ist in allen Bereichen mindestens genau so gut wie das Alte [Scho13]. Allerdings bleiben weiterhin die Probleme bestehen, dass die backtrack Methode zu einem großen Ressourcen-Problem werden kann, wenn die Spiele sehr komplex sind und dass auch illegale Züge bei der Evaluierung des besten Zuges zugelassen sind. Vielleicht werden diese Probleme ja in einer Version III des HyperPlayers in Angriff genommen.

Insgesamt gesehen ist der HyperPlayer aber ein gelungener erster Ansatz für General Games mit imperfekten Informationen, der durch den HyperPlayer-II sogar noch übertroffen wird. Da der HyperPlayer bereits seit über einem Jahr konkurrenzlos in seinem Bereich ist, wäre es allerdings langsam an der Zeit, dass ein neues Modell vorgestellt wird, damit auch richtige Vergleiche möglich sind. Vielleicht würde ein General Game Playing Wettbewerb speziell für Spiele mit imperfekten Informationen diese Entwicklung beschleunigen. Alles in allem dürfen wir also gespannt sein, was sich in diesem Bereich in den nächsten Monaten und Jahren noch tut, da sicher noch einige Neuerungen oder Verbesserungen auf ihre Veröffentlichung warten.

Literaturverzeichnis

[Scho12]   M. Schofield, T. Cerexhe, und M. Thielscher: „Hyper-
           Play: A solution to general game playing with imper-
           fect information", in: Proceedings of the AAAI Confe-
           rence on Artificial Intelligence, S. 1606-1612, 2012.

[Scho13]   M. Schofield, T. Cerexhe, und M. Thielscher: „Lifting
           HyperPlay for General Game Playing to Incomplete-
           Information Models", in: Proceedings of the General
           Intelligence in Game-Playing Agents, GIGA'13, S. 39-
           45, 2013.

[Nov17]   Novalis: „Fragmente", Ende 18. Jahrhundert.

[Gene05]   M. Genesereth, N. Love, B. Pel: „General game play-
           ing: Overview of the AAAI competition", in: AI Maga-
           zine 26(2), S. 62–72, 2005.

[Thie10]   M. Thielscher: „A general game description language
           for incomplete information games", in: Proceedings
           of AAAI, S. 994–999, 2010.

[Love06]   N. Love, T. Hinrichs, D. Haley, E. Schkufza, M. Gene-
           sereth: „General Game Playing: Game Description
           Language Specification", in: Tech. Report LG–2006–
           01, Stanford University, 2006.

[Silv10]   D. Silver und J. Veness: „Monte-Carlo planning in
           large POMDPs", Advances in: Neural Information Pro-
           cessing Systems, Bd. 23, S. 2164–2172, 2010.

[Chas08]   G. Chaslot, S. Bakkes, I. Szita, und P. Spronck:
           „Monte-Carlo Tree Search: A New Framework for
           Game AI.", in: AIIDE, 2008.

[Pell92a] B. Pell: „METAGAME: A new challenge for games
           and learning", in: Programming in Artificial Intelli-
           gence: The Third Computer Olympiad, Ellis Horwood,
           1992.

[Pell92b]   B. Pell: „Metagame in Symmetric, Chess-Like Games",
             in: H.J. van den Herik and L.V. Allis: „Heuristic Pro
             gramming in Artificial Intelligence 3 – The Third
             Computer Olympiad". Ellis Horwood, 1992.

[Bjö09]   Y. Björnsson und H. Finnsson: „CadiaPlayer: A simu
             lation-based general game player", in: IEEE Transacti
             ons on Computational Intelligence and AI in Games,
             Bd. 1, Nr. 1, S. 4–15, 2009.

BEI GRIN MACHT SICH IHR WISSEN BEZAHLT

- Wir veröffentlichen Ihre Hausarbeit,
  Bachelor- und Masterarbeit

- Ihr eigenes eBook und Buch -
  weltweit in allen wichtigen Shops

- Verdienen Sie an jedem Verkauf

Jetzt bei www.GRIN.com hochladen
und kostenlos publizieren